謹以本書

獻給

母親大人八秩晉五嵩壽

文史哲詩叢

戴麗珠著

晨起所見

文史哲出版社印行

晨起所見新詩集自序

二〇〇二年的某月某日，我突然興起作詩的靈感，就隨手寫了一首新詩，從此就開啓了我創作新詩的大門。一起始，我思考用什麼表達方式，自然而然寫成的那首新詩，是用西方十四行詩的格式，接著我又想為何不用詩經的形式一唱三歎，每首詩反覆吟詠三遍，就這樣直到二〇〇五年三月，我突然打破自己的格式，用一種自然的、舒散的、散文詩的表達方式來寫詩，由短而長，有時分二章，有時一氣到底，這樣我就寫出了這本新詩集。

我是研究古典文學和藝術的，坊間所謂的漢詩，也就是近體詩—唐詩的絕律，我也會作，年輕的時候也隨老師作古典詩，我還記得有一首詩是寫我家花園新開的玫瑰花，我很喜歡，現在就隨手錄在後面，以為紀念。

夏日即興

一片扶疏翠倚空，吾廬可愛水如虹。奇花羞吐新紅見，裊裊翩翩淡淡風。

但在我的老師李漁叔先生過世以後，我依然研究古典，但我的創作走向現代文學，起先我從事散文的創作，現在我寫新詩。我一直覺得研究古典，不會妨害我現代文學的創作，而且是我創作現代文學的活泉，古典文學是文化的根，許多的文學、藝術，由此滋生。

這本新詩集記錄了我由生澀到成熟的創作路程，我的新詩和坊間的作品、報章雜誌登出的作品，完全不一樣，我有我的風格。我稱之為以散文入詩，九百多年前的蘇東坡可以以文入詩、以詩入詞，為何二十一世紀的現代，我們不可以再一次打破新詩的格式，作我們喜愛的新詩。

我寫詩是很愉快的，每一首詩的創作大都是我清晨散步時湧現的靈感，我不以為文學和藝術是苦悶的象徵，我一直認為藝術創作是一種遊戲，心靈的遊戲。是一種喜悅，空靈心境的自由。董其昌說學繪畫可以長壽，我認為寫新詩也可以長壽，因為它是一種心靈的開放和解脫，可以舒解生活的壓力，帶來愉悅的心靈，當然要有一個前提，那就是不為作詩而作詩。

我希望這本新詩集的出版能給讀者帶來喜悅和了解。人生匆匆，我們要為自己留下一些生命的痕跡，不管是無形的或有形的，我也希望從今以後，能為喜愛新詩的朋友多寫一些愉悅的、明朗的、清楚、明白、動人和有美感的作品。

幾年前，承蒙文史哲的彭先生為我出了一本散文集，由於匆匆付梓，我和他都忘了該為那本書寫一篇序。今天，他又讓我自費出新詩集，我以為該為我的創作心靈寫幾句話，同時也感謝彭先生，讓我的作品得以問世與讀者見面。

底下我把我的簡歷和著作介紹一下，也使讀者能認識我。我生於一九四六年九月十一日，籍貫是臺灣新竹人，一九六五年就讀國立台灣師範大學，一九七三年獲得碩士學位，一九八六年獲得博士學位。博士畢業後就回台中，在靜宜任教，一直到今天依然任教靜宜大學中文系，並於十多年前受聘至逢甲兼任，也一直任教至今。我的著作有蘇東坡詩畫合一的研究、詩與畫、趙孟頫文學與藝術的研究、詩與畫之研究、蘇東坡禪喜集新書、明清文人題畫詩輯、蘇東坡詩文選、樂府詩選、戴麗珠的散文作品、建築與小品等書。

遊戲之作，愧悚不已，就教方家，謝謝。

靜宜中文系專任教授、逢甲中文系兼任教授　戴麗珠

二〇〇五年五月一日於居之安齋

晨起所見新詩集　目錄

無題

1

春假閒來無事
睡覺、做夢，
夢回紅塵。

2

春假閒來無事，
與老母相對，
有親情依依。

3

春假閒來無事，
屋外行人依稀，
屋內稚子看電視。
春假，
人間，
天上。

二〇〇二、四、一作於忠仁街家中

晨起所見

1

靜靜的梅川
噴水池清澈灑落，
兩旁的水草，
山茶花自開自落，
看亭外，
車水馬龍。

2

靜靜的梅川
兩旁垂柳依依，

淡淡的溪水，
有游魚靜靜穿梭，
坐在涼椅上，
看溪外，
行人匆匆。

3

靜靜的梅川
游客川流不息，
老的、小的、夫妻，
有漁人電魚，
坐在溪亭上，
看遊人，
徘徊、徜徉、休憩。

二〇〇二、四、一作於忠仁街家中

美國俄亥俄哥倫布市——送友人

1

是春深，
草木青蔥，
手把鏟鋤，
種花蒔草，
悠然自得。

2

是春深，
街外行人渺，
坐在南窗下，

靜靜翻閱新書，
心裡踏實。

3

是春深，
異國的生活，
感覺比北京好，
哥倫布市，
舐犢情深。

二〇〇二、五、二作於忠仁街家中

母親

1

擺脫過去幽暗的回憶，
母親展開，
笑靨。

2

擺開兒女的糾葛，
母親露出，
微笑。

3

母親節的前夕，
母親慈祥地，
為家人，
奉獻。

二〇〇二、五、十一黃昏作於忠仁街家中

友情

1

沒有真誠的心，
那裏有，
友情的，
存在。

2

沒有喧囂的回憶，
那裏有，
友情的，
來往。

3

沒有交錯的對話，
那裏有，
友情的，
花朵。

二〇〇二、五、十一夜作於忠仁街家中

師生

1

是一種錯覺，
攪亂了，
師生的，
情誼。

2

是一種貪婪，
混淆了，
師生的，
倫理。

3

是一種頓悟，
平息了，
師生的，
糾葛。

二〇〇二、五、十一夜作於忠仁街家中

微曦

1

微曦，
迎著初夏的光環，
捲地而來，
令人耳目聰明。

2

微曦，
透過庭院的花環，
捲地而來，
令人心曠神怡。

3

微曦，
穿過芒果樹的嫩芽，
捲地而來，
令人目痴心馳。

二〇〇二、五、十二作於忠仁街家中

黃昏之戀

1

像池塘的錦鯉魚，
追逐夕陽的，
餘暉，
譜一首戀曲。

2

像山上的楓紅，
踏著夕陽的，
晚霞，
譜一首心曲。

3

像城市的高樓，
迎著夕陽的，
虹彩，
譜一曲戀歌，
黃昏之戀，
充滿無限，
祝福。

二〇〇二、五、十六黃昏作於忠仁街家中

黑板

1

黑板，
是莘莘學子，
吸取知識的，
標竿。

2

黑板，
是教師們，
傳播文化的，
記事。

3

黑板，
是黌宮子弟，
賴以成長的，
寶庫。

4

黑板，
默默奉獻，
只期待，
十年樹人，
百年樹木。

二〇〇二、五、十七作於逢甲

夜夢

1

是什麼樣的糾纏，
矇蔽了，
我的心。

2

是什麼樣的喧囂，
糾葛了，
我的腦。

3

我，
遁出曠野，
微曦，
撫平了我的心靈。
我的心，
像長空，
一般明淨。

二〇〇二、五、十八午后作於忠仁街家中

夏雨

乾旱幾個月，
水果香甜，
人們渴望，
驟雨。
雨來了，
嘩啦嘩啦，
清心。
鳥兒噤聲，
樹葉低垂，
夏雨，
滂沱。
洗淨，

人們的，
心。

二〇〇二、五、二十三上午於家中

美麗境界

1

善良是人的心，
純善是人追求的願望，
人人善良，
世界和平。

2

美麗是人的愛，
純美是人心中的偶像，
人人美麗，
社會祥和。

3

善良，
美麗，
美麗境界，
洗淨人間的污穢。

二〇〇二、五、二十三作於忠仁街家中

叫賣

1

微曦的朝晨，
行人廖落，
叫賣聲突起，
劃破寧靜的巷弄。

2

熾熱的午后，
街頭巷尾，
主婦匆匆，
買叫賣便宜的蔬果。

3

入夜的月華，
人們有夢
叫賣聲又起，
劃破寧謐的夜晚。

二〇〇二、五、二十五午后四時作於家中

台南擔仔麵

從萬華華西街，
到台中大墩路，
走過三十年，
吃一頓，
快樂的晚餐；
是新的生活，
新的面孔，
新的世代；
佳餚，
不變。
料理，
依舊。

三十年塵封的記憶，
已遠逝。

二〇〇二、五、二十五晚八時於家中

台中港路

路樹蔽蔭，
車水馬龍，
五星級飯店，
聞名的百貨公司，
人潮洶湧。
科學博物館，
全國第一。
台中港路，
都會的中心，
交通的樞紐。
白晝忙忙碌碌，
夜晚燈火輝煌，

不眠的道路，
希望的象徵。

二〇〇二、五、二十七傍晚七時於家中

野薑花

1

野薑花，
在水邊，
自由地開放。
花兒如蘭，
散佈著，
淡淡的花香。

2

野薑花，
在水邊，

自由地，
開放。
不説話，
不折腰，
傲然如霜。

3

野薑花，
在水邊，
自由地，
開放。
綠的莖葉，
白色的花，
映照水光。

二〇〇二、六、八作於忠仁街家中

夏日微曦

1

小鳥啁啾，
蟬聲鳴唱，
夏日微曦，
熱熱鬧鬧，
在人語中，
喧嘩。

2

小鳥啁啾，
蟲聲四鳴，

夏日微曦，
淅瀝淅瀝，
在雨中，
失落。

3

小鳥啁啾，
蟬聲鳴唱，
夏日微曦，
燦燦爛爛，
在窗櫺中，
昇起。

二〇〇二、六、十作於忠仁街家中

太陽

冬天的太陽，
像暖爐，
夏天的太陽，
似暴君。
大清早，
太陽就現身，
逼視，
早起的人們。
路面，
像盪手的山芋。
出門，
令人畏懼。

冬陽暖人心，
夏陽似暴君。

二〇〇二、六、二十七晨起於家中

初逅北京

第一次相遇北京，
友誼賓館，
服務親切。
天安門，
人潮洶湧。
北京的天氣，
有晴有陰有雨。
雨中的北大，
古色古香，
荷葉豐厚茂密，
未名湖迴環多姿。
匆匆邂逅，

待來年再結，
情誼。

二〇〇二、九、十四清晨作於家中

台中燈會

百年來，
首見，
從全國飯店，
到省立美術館。
人潮洶湧，
燈火輝煌，
三羊開泰。
不景氣中的，
景氣。
小市民的，
笑靨，
重現。

台中，
燈會。

二〇〇三、三、十四午后於家中

梅川溪

1

靜靜地漫步在梅川溪畔，
野薑花展露芬芳，
火鶴迎風展翼，
蘆葦隨風飄搖，
梅川溪隨著微曦，
迎接人們。

2

靜靜地徜徉在梅川溪畔，
有人靜坐躺椅閱讀，

有人一旁運動，
有人垂釣，
梅川溪隨著微曦，
迎接人群。

3

靜靜地漫步在梅川溪畔，
噴泉上下飛瀉，
溪外草木盛放，
亭榭靜立溪岸，
梅川溪隨著微曦，
迎接人們。

自注：梅川溪是台中文化中心旁的小溪

二〇〇三、五、一作於家中

假日

屋外，
傳來，
兒童，
嬉戲聲。
引起，
心中，
無限，
歡愉。
室內，
寂靜，
母女相對，
一動一靜，

充滿，
溫馨。

二〇〇四、一、四午後書於家中

與友人相聚

1

靜靜的耕讀園，
樂音飄渺，
柳枝輕拂，
魚兒怡然自得，
悠遊水中。

2

陽光透過，
窗格間隙，
帶來絲絲暖意。

3

友朋，
對坐。
細細，
品茗。
偷得浮生半日閒。

二〇〇四、一、十六作於崇德路耕讀園

甲申歲暮

早醒，
漫步户外，
不見人影，
只有，
一鈎明月，
是，
歲暮。
杜甫詩，
恢宏闊大，
我，
心平氣和。
天那般淨，

人這樣純，
天人明月兩相映。

二〇〇四年歲暮，迎春，讀杜甫詩，出外影印有感而作。

二〇〇四、一、十七晨於家中

迎春

是歲暮，
天寒地凍，
大王椰挺直聳立，
樟樹迎風飛舞，
杜鵑花蕭瑟，
榕樹盤踞虬結。
漫步校園，
人影依稀，
不畏寒霜，
出來運動。
迎早春，
慶新年，

薔薇迎風招展，
春到人間。

二〇〇四、元、二十散步後有感

我的爸爸

像一盞明燈，
指引世人，
走向光明。
像一顆米粒，
溫飽家人，
救濟貧乏。
像一艘太空船，
直射宇宙，
憧憬成功。
像一株火苗，
暖和人心，
永不熄滅。

而今往生，
慈愛永存。

二〇〇四、三、四於家中

水蓮

1

一朵，
二朵，
三朵，
四朵，
五朵，
六朵水蓮，
靜靜地躺在池塘上。

2

紅的，

白的，
黃的，
紫的，
粉紅的，
顧盼多姿，
翹首回望，
直直挺立，
出污泥而不染。

二〇〇四、四、二十四作於家中

家居

樂音流暢，
家母相伴，
是無奈，
是幸福。
窗外，
天地遼闊，
室內，
音韻平和。
兩個人的心，
相伴，
樂音流暢。
為家居，

平添動感，
恬靜無垢。

二〇〇四、四、二十四午後寫於家中

小溪

1

清澈的溪流，
有垂柳佛蔭，
池魚悠遊，
海棠展靨，
知否知否小溪的風貌。

2

有人看書，
有人戲水，
有人照相，

記否記否小溪的圖畫。

3

有人做操，
有人細語，
有人漫步，
垂柳蔭蔭，
知否知否小溪的動感。

二〇〇四、四、二十四午後於家中憶小溪

小徑

仲夏黃昏，
涼風習習，
心曠神怡。
旁著大路，
車水馬龍，
市聲喧囂。
聽街聲，
看人潮，
小徑寂然。
花木扶疏，
溪水潺潺，
都市裡的桃源，

小徑。

二〇〇四、六、十午後六時漫步回來書之

假日

假日休閒，
音樂飄揚，
熱茶芳香，
母女，
相對，
品茗。
國事，
不盡人意，
天災，
頻現，
回天，
無力，

只有，
坐看上天。

二〇〇四、七、四午後五時於台中家中

微雨

微雨，
輕輕的涼風拂面，
靜靜的走在綠園道，
風和雨飄灑下來，
告知宇宙的奧祕。

微雨，
陰涼的風吹拂，
雨像雪花飄，
靜靜的走在綠園道，
樹木聳立，
寂靜空曠無人。

微雨
輕輕的涼風拂面，
靜靜的走在綠園道，
梧桐展葉，
木瓜開花，
天很遼闊，
地很沉默。

二〇〇五、二、二十八晨作於建成園景居之安齋

大雨

大雨滂沱，
綠園道的花木，
隨風雨飄搖，
風鈴隨風響起。
輕輕的腳步，
被風雨裹住，
漫步早餐店的騎樓。
看大雨滂沱，
人來人往，
早餐店的生意興隆。

二〇〇五、三、十二清晨作於居之安齋

皮茲堡冰上芭蕾——仙履奇緣

／

活潑動人的音樂，
隨劇情展開，
善良的灰故娘，
頗得玩偶的愛，
淘氣的母女三人，
載歌載舞，
灰姑娘得到，
仙女賞賜的舞衣和仙履。
國王詼諧可愛，
王子出現了，

與美麗的灰姑娘，
一見鍾情。
十二點的鐘聲敲起，
灰姑娘留下一隻仙履，
終於，
王子與灰姑娘又再見面，
共譜連理。

2

音樂活潑、節奏明快，
燈光佈景貼切、華麗，
演員舞姿曼妙，
是一齣典型的西方喜劇。
幽默滑稽，
充滿歡樂，
給觀賞者，

愉悅的美感。
仙履奇緣，
編舞緊湊，
脫俗而曼妙，
您聽：
快樂的悅音又再響起。

二〇〇五、三、十二晚作於居之安齋

冷冷

冷冷的感覺，
是晚冬的涼意，
綠園道，
一片碧草如茵。
有人散步，
有人蹓狗，
有人打太極拳。
麻雀在天空飛翔，
有的在地上跳躍，
花木一片蓊翳冷瑟，
天空一片灰藍，
無邊無垠。

有二隻麻雀立在電線幹上，
一片溫馨，
雖然是，
冷冷的涼意。

二〇〇五、三、十五晨作於居之安齋

晚霞

站在書房內，
遠望天際的晚霞，
天空一片灰藍綴幾抹白雲，
落日紅紅圓圓的，
直落天去。
街道燈火輝煌，
是黃昏時間，
車水馬龍。
綠園道有機個小孩在嬉戲，
也有人散步。
遠眺晚霞，
一片絢爛。

天是美的，
心也是美的。

二〇〇五、三、十五黃昏時分作於居之安齋

春天來到了

1

花木抽芽了，
春天來到了，
小鳥天上飛，
人們勤奮鬥。

2

花木抽芽了，
春天來到了，
狗兒汪汪叫，
麻雀上下跳。

3.

花木抽芽了，
春天來到了，
心兒喜滋滋，
太陽高高掛。

自註：冬雨久寒，故有此作。

二〇〇五、三、十七晨作於居之安齋

冬寒

寒流又來了，
冬冷，
小鳥成雁字形，
在天空翱翔，
花木彷彿罩上一片寒霜。
狗兒在草萍相鬥，
主人在一旁觀看，
太陽圓圓的，
像一輪明月，
散發不出一絲溫暖。

2

天空一片灰藍，
人們還勇敢，
有老漢在草地上打高爾夫球，
由東到西、由遠至近、不停地揮捍。
永遠不屈的老婦人，筆直地推著輪椅向前走，
綠園道是校車停車的地方。
是冬寒，
一片蕭瑟。
打高爾夫的老漢收工了，
打太極拳的婦人也收工了。
太陽不好意思的躲到雲層裏，
只有，
小鳥依然在天空飛翔。

二〇〇五、三、十九晨作於居之安齋

星期天

1

星期天街市一片靜悄悄，
綠園道也靜悄悄，
小鳥不見蹤跡，
只聽到啁啾鳥鳴在四圍響起。

2

星期天人們沉沉酣睡，
一星期的工作壓力與疲憊，
只等待，
這一天的舒解。

3

星期天想到圖書館，
為兒童找尋閱讀的文章，
為了，
增加他們了解中國文化的能力。

4

星期天天地一片沉寂，
太陽悄悄爬起，
圓圓紅紅的，
雖然散發不出一絲光和熱，
卻擔起人們無限的希望和憧憬。

二〇〇五、三、二十晨作於居之安齋

走在綠園道

走在綠園道，
麻雀一隻隻停在電線桿，
溫馨。
綠園道上的行人，
匆匆。
打高爾夫的男士，
在寬廣的綠地走來走去，
揮桿。
樹叢中傳來小鳥不停的叫聲，
是自然的悅音。
花木抽芽了，
一片蓊翳嫩綠。

空氣中帶著一層薄薄的霧氣，
大地一片迷濛，
微涼清新。
是太陽昇起前的微曦，
打太極拳的手腳並用，
嘻笑歡喜。
走在綠園道，
心裡一片歡欣！

二〇〇五、三、二十一晨作於居之安齋

早安

早安藍天，
象徵晴朗的天氣。
早安人們，
勤快的散步，
帶來平安和健康。
早安麻雀，
不停地鳴叫，
譜出大自然的悅音。
早安楓樹，
抽出嫩芽粉紅碧綠。
早安四圍的大廈，
是人們溫馨的家。

早安大樹，
給人安定和生機。
早安大地，
沒有人比我更快樂。

二〇〇五、三、二十二晨作於居之安齋

風中的早晨

綠地遠遠舖向遠方，
一望無際，
帶給人盎然的生機。
風兒迎面襲來，
吹拂樹葉不停地飛動。
風中的早晨，
風兒穿透衣裳，
沁入心脾。
風兒像小鳥，
不停的鳴叫，不停的吹拂，
嫩枝條在風中顯得蕭瑟。
人們也沉睡在被窩中，

只有花木依然挺立吹拂。
無論大樹、小樹、疏的、密的，
風兒帶來涼意。
看柏樹高高挺立，
風中的早晨，
天地一片靜謐，
人兒稀疏。

二○○五、三、二十三晨作於居之安齋

早春

雪白的、紫紅的、粉紅的杜鵑花，
相間開放，
彷彿在告訴我們，
春天來了。
橙紅的木棉花，
也恣意地綻放，
要我們擁抱早春。
枯木吐出嫩芽，
迎風招展，
是早春哪。
天有點微寒，陽光和煦，
不似夏天的熾熱，

早春是美麗的感受。
天空湛藍，
大地回暖。

二〇〇五、三、二十三中午作於靜宜

天亮了

天亮了，
走出門去綠園道。
人們迎面而來面帶微笑，
天灰灰的、風很冷，
小鳥鳴叫著在天空飛翔。
玉山、雪山、合歡山是夢的天堂，
走在綠園道，
看碧草如茵，
看花木迎風招展，
蓊翳深綠一片盎然。
嫩綠的芽也不畏寒冷，
好像對著風兒微笑。

能看到大樹、綠意，
是人生的幸福。
瑪格麗特雪白的小花，
零零落落點綴在綠草地，
小小的花也傲霜。
天亮了，
大地寒凍，
但是心很溫暖。

二〇〇五、三、二十四晨作於居之安齋

早餐店

下雨的清晨，
我在早餐店的騎樓漫步。
早餐店有各色各樣的食品，
供人挑選。
大雨滂沱，
還是有人開車來買早餐。
有的買了就走，
有的坐下來食用。
人們對早餐的需求，
是求溫飽的象徵。

2

下雨的清晨，
我在早餐店的騎樓漫步。
早餐的麵包屑撒落一地，
引來痲雀成群，
爭先恐後的啄食。
然後，一呼嘯又衝上天去。

3

下雨的清晨，
我在早餐店的騎樓漫步。
看著傾盆的大雨，
騎樓外，
綠園道上，
沒有人煙，
一片靜謐。

二〇〇五、三、二十五晨作於居之安齋

靜　夜

窗外霓虹燈閃爍，
輕微的車聲傳來，
夜很寂靜。
人們都睡了，
靜夜獨處，
放下窗簾，
滿室一片寧靜。
室內的溫馨，
勝過種植竹石花木的庭園。
斗室一間，心卻遼闊。
靜夜獨思，
心與外面的世界融合，

天地人我一片。
窗外微微的車聲劃過，
讓靜夜增加一點動感。
靜夜令人感到身心靜定神思奔放，
夜安！寧謦的夜。

二〇〇五、三、二十六夜作於居之安齋

冬陽

冬陽日麗和煦，
掃開一季的寒冬。
蝴蝶出現了，
不只一隻有好幾隻，
在草叢間翩翩飛舞。
斑鳩也現身了，
兩兩依偎在電線桿上，
看著溫馨。
小黃花、小白花、小紫花冒出頭來，
迎風飛舞，
向冬陽稱謝。
淡綠的樹芽、深綠的老葉，

都抖擻精神，
散放無限的生機。
冬陽暖和和的，
嫩紅的楓，油加利的黃綠嫩葉，
都開心地展翅。
冬陽照得人心一片溫暖，
春暖大地、大地回春，
天也一片溫馨。

二〇〇五、三、二十六午前作於居之安齋

再現冬陽

再現冬陽，
天一片湛藍、朵朵白雲點綴其間，
煞是美麗。
迎面有一對情侶雙雙在綠園道蹓狗，
給冬陽帶來一片浪漫的詩意。
斑鳩高聲吟唱，
向冬陽表示內心的歡暢。
狗兒懶懶地躺在紅磚上曬日光浴。
冬陽由一圈白光散發出絲絲熱意。
小狗突然驚醒，
昂起頭來雄糾糾和冬陽呼應。
蹓狗的人漸漸多了，

是喜愛冬陽的溫暖。
綠園道碧草如茵，樹上的嫩芽生氣勃勃，
向冬陽展翼。
再現冬陽，沒有寒意，陽光暖烘烘的。
走在紅磚上，精神抖擻。
天空湛藍，白雲朵朵，
天地一片美麗溫暖。
是春天到了。

二〇〇五、三、二十七晨作於居之安齋

春雨

唏噼嘩啦的雨聲入耳，
往窗外一看是春天的第一陣春雨。
春雨綿綿撒落大地，
像牛毛像花針。
遠方的花木一片迷濛，
對面不知名的樹花團錦簇，
顯得格外清新有神。
春雨滋潤大地，
綠園道的碧草一片潤澤，
蓊翳的大樹也經雨洗刷得，
格外乾淨挺拔。
春雨濛濛，

給天地帶來春的氣息，
一片盎然的生意。
春到人間，
春雨綿綿。

二〇〇五、三、二十七午後作於居之安齋

雨後

春雨知道我有下樓散步的意思，
就將屋簷間的雨聲停下了。
雨後天霽，
麻雀在青草地上跳躍啄食，
蝴蝶也現身了，
在晴空下翩翩對舞，
斑鳩悄悄地漫步在綠草地。
沒有人跡，
雨後的樹木一片清爽乾淨，
樹葉間、葉片上滴著雨珠。
不是在山中，
可以想像松子落下的情懷。

沒有長江，沒有大海，
天空的雲朵卻忽有忽無忽明忽暗。
大地一片碧綠青蔥，
雨後天霽，
天地一片灰藍、碧綠。

二〇〇五、三、二十八午前作於居之安齋

早晨

早晨出門迎向大地，
小鳥飛上樹梢，
跳躍。
麻雀三三兩兩依偎在電線桿，
沉思。
遠處的叢林一片煙霧迷濛，
天默默地一望無垠。
老樹吐芽直抽出一根衝向天去，
象徵人格的獨立。
除了天地，人們還有什麼？
大樹、飛鳥、碧草如茵。
一個會心的微笑，

傳證無上的法門，
真是落花無言，人淡如菊。
心是寬闊的，無邊無際，
早晨的天地，
此中有真意，但毋須辯論、也毋須言語。
讓一切還諸天地，
日安！清晨。

二〇〇五、三、二十九晨作於居之安齋

匆匆

匆匆我迎向天地，
麻群吱吱喳喳飛翔，跳躍在綠草地，
甚是熱鬧。
斑鳩也成群地停在電線桿上，
抖落一身的灰塵。
早起的人們迎面而來，
靜靜地散步。
樹木的嫩芽也長大了，
覆蓋一樹的新綠。
涼風陣陣吹拂，

微冷。
天默默的俯察萬物，
地也悄悄地長出一身的綠意，
一花一草一木，一隻飛鳥，一片天地。

2

匆匆的我迎向大地，
為了趕時間生活顯得急迫，
能忙裏偷閒在綠園道散步，
是心靈的一種休憩。
心平氣和，包容天地，
詩與自然湧現。
寧靜的心，從容不迫的生活。
去掉一般人世間的俗氣。
天地依然遼闊，
永遠充滿生機。

匆匆的我走了，
明天我將再來散步尋找詩意。

二〇〇五、三、三十晨作於居之安齋

偶成

1

春雨綿綿，
漫步街上，
遠方青山，
白雲圍繞，
想像旅遊，
心中無限歡暢。

2

春雨綿綿，
散步街道，

大樹紅花，
相映成趣，
學子嘻笑，
畫欄挺立，
大王椰子直上雲霄。

3

春雨綿綿，
走上街道，
行人稀疏，
帶著雨具，
讀完一篇論文，
心中無限快樂，
讀書的樂趣，
只有知音了解。

4

春雨綿綿，
漫步街道，
芒果樹矗立一旁，
芒果花結子纍纍，
春天還沒過去，
夏意已經來到。

二〇〇五、三、三十一寫於午前居之安齋

日安！綠園道

日安！綠園道，
晴空日麗。
漫步綠園道，
樹叢間小鳥高聲鳴叫，
細心地聽有二、三種聲音，
動人。
天一片灰濛濛，默默無言，
遠處紅白相間的塔架高高矗立，
增加天地的美感。
四圍的大廈中有我，
一花一草一木一樹，
充滿盎然的無限生機。

嫩芽也長大成葉，清新一片，
不再清綠，彷彿等待盛夏的來臨，
長成茁壯蓊鬱。
想像明天將動身旅遊的樂趣，
心中暢快無比。
奈良的鹿公園、京都的平安神宮，
再相逢已過卅年。
旅遊是充滿期待和快樂的，
日安！綠園道。
五天後，我將再來漫步，
呼吸新鮮的空氣。
自注：四月二日至四月六日將有日本遊，故有此作。
二〇〇五、四、一晨作於居之安齋

黃昏

黃昏時分，
天還沒暗，
有情侶相依相偎，攜手漫步。
小孩子也騎著單車三五成群的追逐，
樹木罩著一層薄霧，
帶點淒迷。
有人出來散步，
有人蹓狗，
今天沒有落日，沒有晚霞，
只有路燈點點。
霓虹燈也稀疏閃爍，
天是一片灰濛濛，

遠遠的大廈也是一片迷濛。
雖然綠樹聳立，
沒有村舍，也沒有牛羊，
更缺少雞鳴狗吠。
然而城市裏的黃昏，
依然是靜謐的。
行人匆匆回家，
放下一天的疲憊，準備休憩。

二〇〇五、四、一黃昏時分作於居之安齋

日本遊（I）

是多少次來訪日本？
這個東瀛大國，
每一次都有不同的經歷。
大阪城的天守閣，
已由藍白的素雅變成金碧輝煌。
山形縣友人的婚禮，記憶猶新。
神户長者的關愛，永難忘懷。
如今都已失去聯絡，
故人是否安好？
獨自一個人來訪日本是頭一遭。
奈良、京都只是重溫舊地。
忘不了初來乍到時的生澀，

與友人熱情的款待。
京都大學人文科學研究所的圖書館和哲學大道，
恐怕沒有機會再去。
隨團旅行只是走馬看花，
想像萬蕊千枝的櫻花盛放，
只是一種期待。
愛知縣愛的博覽會，
不希望失望。
日本來的機會很多，
只要你懂得生活，
在那裏都很快樂。

二〇〇五、四、二晨作於神戶旅館

日本遊（Ⅱ）

到處都是工業建設，
小火車緩緩駛過，
遠遠的天、灰濛濛的、不見微曦。
一座橋橫跨兩岸，
一座橋直衝入海，
海水也是黃灰的，沒有雪白的波浪。
日本的春天，沒有寶島美。
因為樹是枯淡的，不見生意。
前廳的迴廊，倒有意思，
三叢觀賞葉植物對望，
幾盆不知名的黃花間隔著兩盆白花，
點綴在沙發間。

一面牆有流水淙淙，匯成一方池塘，
活了飯店的景觀。
樓梯兩旁有相似的觀賞葉植物相對，
中間夾雜著紅黃兩色的花，
頂著一叢叢粉紅色的花，
在工業化的城市，尋找一點自然，一點綠意。
是否？
是日本人的無奈與逃避？

二〇〇五、四、二晨作於神戶旅館

微曦

太陽紅紅的、圓圓的，
從低處升起，
是微曦。
小鳥也不再呫噪，
低低地飛越綠地，
再一飛直上樹巔，
俯瞰大地。
樹長大了，
像個成熟的人，
高高矗立，
展現一株株的風華。
人們在綠園道漫步，

穩健、健康。
我靜靜地漫步，
讓腦海、身心休憩，
任思緒自在閑散。
太陽慢慢升起，
帶點溫熱，
涼風襲襲，
讓人們知道該珍惜光陰。

二〇〇五、四、八晨作於居之安齋

雜題

1

清晨五點，街燈依然閃爍，
天地一片靜謐，
高高低低的房舍也靜默無語，
遠天依然遼闊，
大地依然充滿生機，
彷彿告訴我們一切有容乃大。

2

兄弟姐妹不和，是人世間的遺憾，
但經過無數的付出與原諒，

永遠無法得到關愛，
遺憾也只有任水流逝，
不再受傷害。
人事是很微妙的，我們有寬容的心去對待，
但競爭、傷害永遠免不了，
這是亙古人世間的悲哀。
我們只有像海綿將打擊吸收、消失。
不受傷害。

3

六點，天亮了，街燈已經熄滅。
我出門迎向天地。
小鳥依然不停地鳴叫，
快樂地譜出自然的樂章，
人們也依然在綠園道漫步，
日安！綠園道。

樹葉的新綠，告知我們春天已到。
大地一片綠油油充滿盎然的生意。
寄情宇宙天地，是中國文人的傳統精神。
人不會孤單，
因為有天、有地、有花草、樹木、禽鳥，
天地永遠美好，給我們啓示，也給我們警告。
珍惜你有的，有容乃大。
心是愉悅的，雖然人生並不美滿。
但人與天地相融，一切就顯得微不足道，
真是此中有真意，欲辨已忘言。

二〇〇五、四、九晨作於居之安齋

大氣

涼風襲襲吹來，
令我感到大氣的陣陣涼意。
如果沒有大氣？
小鳥如何展翅飛翔？
斑鳩如何歡愉鳴唱？
大樹如何蓊翳茁壯？
大地如何翠綠盎然？
大氣無形也無言，
給萬物生機，
讓人們能輕鬆地漫步在綠園道。

2

飛行在天空，
俯瞰大地，
山川、流水、屋舍、海洋，
恍如一幅幅的圖畫。
在大氣層中飛翔，
看浮雲由淡薄而濃密，
白雲濃濃地像棉絮，像波浪，
青天更是格外湛藍，
綴著點點白雲，
煞是美麗。

3

大氣是無言的，
它撫育大地萬物。

如果沒有大氣？
地球的冰山、海洋、山川、湖泊，
將如何生存下去。
人們已經能衝破大氣層，
翱翔於太空，
尋找另外星球的秘密。
想像遨遊太空的曼妙，
大氣怎不迷人？
讓我們依然在地球擁抱天地，
瀟瀟灑灑、揮一揮衣袖，
把一切還諸天地宇宙。

二〇〇五、四、十晨作於居之安齋

春天去了、夏天來到

醒來，一陣暑熱，
拉開窗簾，天還沒亮，
大地一片靜謐。
走出户外，迎面涼風襲襲，
但熱意依然。
小麻雀也不再鳴叫，
是悲傷春天已去了嗎？
嫩芽都不見了，已長成一片片翠綠，
有著紫色繁花的樹木，花也不見了，
只剩片片青翠的樹葉。
春天已去，夏天來到。
清明已過，是穀雨和種植的日子。

北台灣的水田，秧苗已播種，
一片片綠油油的。
紫紅的九重葛、大紅的、雪白的、嫩黃的在庭園盛開，
杜鵑也不甘花後，迎著初夏，盛情綻放。
尤其象徵夏天的花，一路路盛放著，是恣意伸展的木棉花。
人們依然勤快地漫步在綠園道，
風也時有時無的吹來，
但是，不再有寒意，不再沁涼，
只覺暑氣逼人。
像花樣的年華已到，
讓我們敞開心輕鬆地迎接這一夏的溽暑吧！
春天已去，夏天來到，
你可歡愉？四季的轉換。

二〇〇五、四、十一晨作於居之安齋

心齋坐忘

心寧靜，萬念不動，
坐下來看報，文字已忘記。
風吹心靜，鳥鳴心不動，
天灰藍默默無言，
萬物依然勃勃生長。
春已去，夏來到，
天無言，四季照樣運行。
葉片動了，樹木不動。
落葉動了，大地不動。
心齋坐忘。
有誰能達到如此萬妙的境界。
一個微笑、一個點頭，是心的默契。

坐擁萬卷，但不是皓首群經。
因為文字已無言，
萬物靜觀皆自得，
唯有心的寧靜才能擁有自我。
贊美、毀謗有何意義？
唯有萬念不動，心境才能平靜超脫。
沒有大江大海，但它流蕩在天地之外。
青色的遠山，似有似無，
心已靜，坐在大地，亦已忘我。
心齋坐忘，會心的人，有福了。

二○○五、四、十二晨作於居之安齋

春雨

出門漫步，
迎面春雨綿綿。
回頭拿起面具，
漫步雨中，有微風襲襲。
不寒、不凍、微涼，
是很舒服的感覺。
雨是喜雨，帶給水田的秧苗茁壯。
九重葛在雨中顯得格外艷麗，
樹葉也更清新翠綠。
木瓜一分一寸的長大，
碧草更加青翠豐盈，
春草綿綿充滿生意。

草上的露水晶瑩剔透，
不須吟嘯，只要徐行。
東大寺寺外的櫻花樹，
古木槎枒，枝葉紛披，
樹上粉紅的櫻花像柳條下垂，
真是美麗。
雨中的金閣寺湖水碧綠，
映照黃金閃爍的亭閣，
怎能不驚嘆它的眩目淒美。
微曦迎面照射，天開了，
雨霽天晴，真個是也無風雨也無晴。

二〇〇五、四、十三晨作於居之安齋

園林

真正的園林之美不假彫塑，
幾棵參天的大樹，
一片碧草如茵的綠地，
就是大自然的縮影。
突發攝影的興緻，
出門拍綠園道上的夫妻樹，
根根相連、葉葉相依，
造形也很美觀。
走到與大溪，
才發現真是別有洞天、柳暗花明，
左岸沿著溪流一排排、一絡絡的粉紅色桐花盛開，
啊！真是驚艷。

在日本沒有看到的櫻花盛放，
回家倒見識了。
春雨剛過，落紅滿地，
但是一片花海，淡的、濃的、互相錯落，格外有韻致。
向四面開展的、向上延伸的、下垂的桐花桃紅色，
您想有多美。
更妙的是對岸古木參天，也是整溪的樹林。
走在落葉上，好像回到深山裏，古木參合，不見天日的興味。
園林之美，真是樸拙有趣。
比起人造的梅川溪，
大自然還是還我本色，
才能真正領略天地花草樹木之美。
與大的林蔭大道，不亞於日本京都大學的哲學步道，
古木與垂柳，你說不是各有風味。

二〇〇五、四、十四晨作於居之安齋

無題

對面的大廈，在屋頂架起五座鋼架，漆上淡淡的水藍色，
替灰濛濛的天空帶來彩色。
沒有風，大氣一片暖洋洋，
樹不動如山。
鳥兒高飛低翔，
微曦的清晨是靜謐的。
人們漫步運動、有的打太極拳、有的舞蹈，
想像湖水的湛藍、水光粼粼，
與靜默的大地碧草如茵相映，
水天一色大地有情。
父子樹、母女樹、兄弟樹、遙遙相對，
和夫妻樹是同一種類、雪白圓短的幹，上頭有蓊翳橢圓的樹

叢。
走倦了，就橫過馬路，到對街欣賞不同的山色，
粉紅的桐花開滿枝枒，配上參天古木，
這不又是一景？
太陽露出臉來，是朝霞、紅紅的、圓圓的、透出半邊霞光。
天亮了，灰雲也變成微藍，
風和暖不動，太陽現出曙光。
一個微笑，一個招呼，
像陽光溫熱，帶給天地宇宙，一片希望。
二〇〇五、四、十五晨作於居之安齋

無題

太陽已經高高升起，風和日麗，
清晨是一天的開始。
早起天沒亮，心中一片愉悅，
涼風陣陣，心是寬敞的。
萬物靜觀皆自得，
為有源頭活水來，
都在心靈的空明明淨。
所以陶淵明說虛室有餘閑，
一花一草一樹一木，
自然何言？宇宙何言？天地何言？
雪白的鷺鷥，突然一躍而起，真衝雲霄。
土色的斑鳩靜靜停在樹梢傲視人間。

太陽在大廈與大廈之間露臉，
紅紅的、圓圓的配著灰色的雲，
是微曦。
漫步綠園道，
天漸漸亮，太陽由火紅轉為鵝黃，在雲端，不熱。
人漸漸多了，
天整個亮了，太陽像一團白光，
人開始感光溫熱。
夏天到了，風和日麗，
小鳥高聲鳴唱，歡迎這一季的夏日。
宇宙天地還我本來顏色，
心是愉悅的，
更是暢快明淨。

二〇〇五、四、十六晨作於居之安齋

無　題

帶著愉悅的心情下樓，
漫步綠園道。
宇宙天地一片靜默，
天遼闊無言，地碧綠沈默，
心是愉悅的，但覺得需要休憩，
沒有呼朋引伴，也沒有飲酒歡宴。
改變一下環境，走過大街，
路的另一頭也是碧草如茵。
但轉個彎有溪流淙淙，
桐花深深淡淡花團錦簇的盛放，
有落紅、有落葉。
步入中興湖，

湖水碧綠，噴泉向四方撒落。
有雁鳥停憩，也有雙雙振翅高飛湖面。
黑天鵝、白天鵝都出現了，在岸上休閒。
突然天鵝漂游湖面，
真個是春江水暖鵝先知。
校園的落葉滿地，厚厚的踩在上面，像在雲端。
中興大學有一個特色，校園外環繞著筆直的林蔭大道，
兩旁古木參天，是那麼超拔聳立，象徵學人的風格。
改變一下環境，轉換一種心境，
從中我們就得到休憩，無畏無懼。
走回綠園道，一切都沒變，宇宙天地一片靜默。

二〇〇五、四、十七晨作於居之安齋

風

打開窗户，涼風陣陣襲來，吹散一屋子的暑熱，
迎面宇宙天地，風和日麗，
風是和暖的，蘇東坡說波平風軟望不到。
風是有情的，蘇東坡說東風知我欲山行，吹斷簷間積雨聲。
但是風也無情，南亞的海嘯，美國的龍捲風，台灣的夏秋兩季颱風。
大自然的天災，令人無奈。
孔明借東風，燒毀曹操十萬軍，
贏得萬世的英名。
風吹湖水，水光粼粼，但古人說吹皺一池春水干卿底事？
風也給人方便，衝浪的樂趣，駕風泛舟的驚奇，你又怎麼說？
乘著風聲的翅膀，多逍遙，多浪漫、多自在。

風有小時候的回憶，坐在古厝的牆角乘風納涼。
風有現今的和樂，涼風襲襲，
坐在書房，振筆直書。
風是自然的產物，沒有風的日子，人與萬物將不知道怎麼過？
落葉隨風萬里去，漂泊四方，但能不管閨婦的愁怨、思鄉，
落葉歸根，風有一天也會帶浪子回來，團聚。
但不管怎樣？何防吟嘯且徐行。
任好風如水，吹過人間，風和日麗。
二〇〇五、四、十八晨作於居之安齋

菊　花

菊花和松、竹、梅號稱四君子，
但它比松、竹、梅晚出名，
受人注意的時代，可能是陶淵明的採菊東籬下。
但是，蘇東坡說：菊殘猶有傲霜枝，
就是它的那一份耐寒、傲然，
令中國的詩人、文士、畫家欣賞。
桃李在春天，鮮妍含笑，
桐杏在春夏之交盛放，
只有菊、默默地在寒冬綻放，
陪伴人們過春節、迎接新的一年。
梅花一枝獨秀，凜烈綻放在霜雪中，
菊花叢花滿枝，獨自挺立在短籬下。

桐、杏、桃李、迎風賣笑，
然而，夏天還沒到，就已經零落滿地。
看著它們的落花雜著落葉，
不盡令人興起無限的感慨和憐憫。
陶淵明要歸回田園，說：松菊猶存。
松、菊並稱，他們的傲然於歲寒、後凋於冷冬，
是詩人、文士、畫家激賞的原因。
古人說：還來就菊花。
等我浪跡天涯，領略天地宇宙的冷暖，
再來栽菊種花，陪我過隱逸的生活。
菊殘猶有傲霜枝，讓我們擁有這一身傲然，
在春節、在寒冬、開出黃的、紫的、白的菊花，
迎接新春。

二〇〇五、四、二十晨作於居之安齋

路

路向四面延伸，帶領我們尋幽訪勝。
四通八達的路，我最愛台北的仁愛路和敦化南路，
筆直、寬廣、兩旁林陰覆蓋，路樹高蔥蓊翳。
還有，台中的中港路，新穎、大樓林立、是商業的樞紐。
沒有綿延的山路，我們如何攀爬上山巔，直上黃山，
看白靄浮雲、青蔥的古松、怪石。
路領著唐玄奘西去取經，將大乘佛法，傳遍中國。
沒有路，我們如何上天壇，走萬里長城，逛北京城。
陸路領我們遊遍蘇杭，看西湖美景、蘇州庭園。
水路領我們觀賞陽朔風光、桂林山水、灕江之美。
絲路亙古即是中西要道，是文化的路、商旅的路。
路是四通八達的，是文明的象徵。

有路，可以上高山，開啓原住民的生活水準，
有路，可以下大海，改善漁民的生機。
我的脚要走好路，
行萬里路，讀萬卷書，
有路、真好。

二〇〇五、四、二十年前寫於靜宜研究室

獨居

古人說慎獨，是很有道理的，
選擇獨居，就是要享有那一份不受俗事羈絆的自在。
沒有牽掛，沒有牽絆，你可以高興讀讀書，
遙望遠天，看朝霞昇起，落日餘暉，
感受宇宙天地之大之美。
想休憩，躺在貴妃椅，作日光浴，
想寫字，振筆疾書，
想畫畫，洗硯用色或揮筆寫意，
想彈琴，快樂的彈奏一曲，
想高歌，引頸歡唱，
誰說獨居寂寞？它有旁人無法理解的自在愉悅。
生活並不限制在小圈圈裡，

你可以出門逛百貨公司，
你可以出去走走路，散散步，
看白雲綠草，享受宇宙自然。
你可以去買菜，選自己愛吃的食物，
你可以去洗頭，讓自己漂亮一點。
誰說獨居不好？
只要你懂得生活，有人沒人、都很快樂。
沒有吵雜的聲響，只有一片寧靜，
照顧好自己、清潔好環境，
生活在一大片舒適整潔的空間裡，
外面有綠草碧樹、風雲、朝日、晚霞為伴，
這一份自在，只有寧靜的心，才能享受。
選擇獨居，享受生活，這一份靜與閒適，
你可懂得？

二〇〇五、四、二十一黃昏作於居之安齋

迎接一夏

夏天到了，只有清新的空氣，沒有繁花勝景。
樹木的葉子不再嫩綠，只是青蔥、蓊翳、茁壯。
鳥兒也不再吱吱喳喳的鳴叫，
一群群飛來遠天，
只剩下幾枝麻雀立在電線桿上俯視人間。
馬尾松高高挺立，盛放著立在大門兩旁。
大王椰子繞著惠蓀堂。
赤松長著果子、種滿一片松林。
初夏的一切是靜默的，
只有中興湖的瀑布打破這夏的寧靜。
微曦升起、圓圓的橙黃，
但倏忽轉成一圈白光。

初夏是溫熱的，
沒有仲夏的溽暑，
沒有暮夏的水旱災，
迎接一夏，歡迎夏天的到來。
素淨的夏，沒有春的活潑，秋的蕭瑟，冬的瑞雪，
但它有靜默的天地，蓊翳的樹木，
讓我們歡迎夏天來到，
並期待暑假的瀟灑。

二〇〇五、四、二十二晨作於居之安齋

休憩

作日光浴，
午後休憩時光，
躺在貴妃椅，
行日光浴，
夏風襲襲，
溫熱而微涼，
陽光輕撫臉龐，
不熾熱也不刺眼，
極度舒服暢然，
是真正的休憩，

難怪歐美的海灘，
總是爆滿著行日光浴的人潮。

2

讀書，
讀自己喜愛的書，
是人間無上的幸福，
四壁圖書中有我，
多麼灑脱喜樂，
雖然孟子説盡信書不如無書，
但我讀的是活書，看的是通達的、明理的書，
還有我喜愛的詩集。
錄幾首心愜意的詩，寫下喜歡的對句，
往後空閒想寫字材料都有了，
有個同事説：我們拿自己喜歡的事來溫飽、真爽，
雖然，有點功利，但現代的讀書人誰能不吃飯？

我沒想那麼多，只喜愛空閒著，讀幾本小書。

3

批改考卷，
是期中考後，在家也得工作。
改考卷是費神，也費眼力的事，
這半年多來，眼睛看書，批閱作文，都快成了瞇瞇眼。
但是看到用功的學生，心裏改起來就舒暢，
隨他們吧，都是長大了的成人，
教書是盡心盡力的事。
我在靜宜和逢甲上課，
總希望作育英才，得天下之英才而教之，
也希望能尋得千里馬，好好指導，培育他們讀書做人的道理。
然而，一切自有天意，我也只能盡其在我。
在家休憩，寫下雜言三章。以為念。

二〇〇五、四、二十三晨作於居之安齋

無題

窗外小鳥啁啾，
鳴聲起此彼落。
斜躺貴妃椅，
室內靜悄悄。
對空的大樓，
紅白相映，
在灰色的天空下，
煞是美麗。
是晚冬，
天氣陰霾，
心卻開闊。

二〇〇五、三、十一午後三時作於居之安齋

星期天所見

西方有幅畫叫星期天的午后，
畫西方高貴的紳士仕女在湖畔撐傘，或站或立或躺臥草坪休憩，
一片華美寧馨。
星期天的早晨我依舊出外漫步，
天依然遼闊，
地依然碧綠，
早起的販夫依然么喝，
校園裏散步的人們卻零零星星。
松林依舊，
綠樹依舊。
有二人在打羽毛球，
有雁子銜草飛向巢去，

五朵木蘭花開在零落的枝葉間。
白鵝、黑鵝靜靜立在岸邊，
有一隻鴛鴦獨個兒靜靜地浮在水面。
我仔細觀賞湖中的短矮榕樹，
才知道它長在群石林立的水中。
石林環繞著它，群雁棲息在樹巔，
噴泉圍著它向四方撒落。
水波粼粼、劃破水面的寂靜，
為靜靜的中與湖帶來一絲動態聲息。
回程，除草機喧鬧了寂靜的校園，
我揮一揮衣袖，不帶走一片雲彩，
星期天所見，風光如是。

二〇〇五、四、二十四晨作於居之安齋

天亮了

晴空萬里，沒有一絲雲朵，
天微微的藍，一望無垠，
天亮了，晴朗如許。
人依然漫步綠園道，
有人蹓狗，
有人一面談笑，一面做操，
有人靜靜地獨自運氣練功，
鳥兒稀稀疏疏間而有鳴聲幾點。
深深地呼吸松林的香氣，
人們喜滋滋地微笑。
白鷺鷥也出現了，
低低地掠過湖面，甚是優雅美觀。

橙紅的石榴花花開謝梢，
和雪白的槴子花相映成趣。
中興湖湖水波光粼粼，
湖中的一塊岩石，是可活動的，
向東向南向西向北，天天姿態不一樣。
志於道、據於德，依於仁、游於藝，
講道德和真理，對人實在是太深奧，
不如愉悅地遊戲在藝術生活中。
天真的亮了，太陽高高升起，
不是溫熱，是熱情澎湃，
告訴我們，黑暗已經過去，曙光來到。

二〇〇五、四、二十五晨作於居之安齋

上課

去學校教書，一直純粹都是一種興趣，
雖然身為大學教授，但我一直都保持天天讀書，只因為自己的
興趣。
教書只為了作育英才，指導莘莘學子做學問，做人的原則，
對於個人的名位，二十年來，一直一無所求。
這樣的態度，也使我很早就萌發退休的念頭，
可以讀書、可以寫字、可以繪畫、可以做自己喜歡的事，
何樂而不為？
只因為學生愚昧，智慧未開，如果我放棄他們，
又如何向作育我的幾位老師交待？
於是我就決定教到七十歲，只要學校許可。
上課是快樂的時光，常常會講得來不及下課，

孟子說得英才而教之一樂也，這是我的期盼。
學生中總有幾個受教的，心也就滿足了。
為了少數學生付出，雖然不一定有教學相長，互相分享的樂趣，
但能回饋社會，總比退休在家，只做自己喜歡的事，有意義。
想起大學時代的老師李漁叔先生，
雖然薪水微薄，又要養家糊口，
但他依然每天上下課，坐計程車來回，保持讀書人的傲骨。
這三年，我也依法泡製，不是為了求舒服，只是希望獲得一份尊嚴。
今年搬新家了，就在校車的起站和終站，坐校車挺方便的，
所以我就恢復坐校車。
一路上，校車像大魚中的鯨魚，吞納小魚，
等到到學校了，打個噴涕，將小魚全數放回大海，
新生活是愉悅的，上課也充滿希望。
這妳懂嗎？　二〇〇五、四、二十五上午十點多，作於靜宜研究室

聽音樂

一般人都以看電視來做為生活的消遣，
但是，我們的電視節目幾乎沒有什麼好節目。
不是光怪陸離，就是社會案件，
好的節目也很少，只是一再重播。
以前，我還看到一個純淨的節目，叫知性台，專門為大家介紹
旅遊世界各地。
由於我的電視畫面清晰，色彩鮮艷，所以，我作飯時，沒事
時，吃飯時，喜歡打開看看。
但是，不知為什麼？那個節目突然消失，我也就少開電視，電
視只留給朋友來時，讓朋友們看。
我在夜深人靜，讀書、工作時，喜歡聽音樂。
聽音樂是一種心靈的莫大享受，

優美的曲樂流洩在空中，
不管是西洋古典的歌劇、奏鳴曲、協奏曲、鋼琴、小提琴、大
提琴等，都是華美而曼妙。
還有國樂，古琴、古箏、琵琶、鎖吶、笙、地方小調、二胡都
優美動人。

沒事時，靜靜地躺在床上聽音樂，是人生莫大的享受。
休憩時，一面行日光浴、一面躺在貴妃椅上聽琴音叮噹，豈不
美嗎？

有的時候，覺得家太冷清、就放音樂，溫暖空氣，讓音樂帶來
律動和熱情。

我不是不喜歡台灣歌曲，但台灣歌曲總喜歡唱一些失戀、愛
情，無病呻吟的悲歌，
難道人生只有如此狹隘的感情世界嗎？
我也很喜歡國語歌曲，但很久，沒有聽了，或許那一天，我會
去買幾張愛聽的CD，聽聽唱唱。
好的音樂淨化人心，陪伴人生。

你懂嗎？

二〇〇五、四、二十六清晨作於居之安齋

友誼與戀情

伯牙鼓琴，鍾子期聽音，這是一種知交的友誼。
鮑叔牙和管仲也是稀世知音。
燕太子丹和荊軻又豈不是一場悲壯的生死之交。
子夜歌裡的男歡女愛、少女少男的熱烈情緒，
這是徐志摩描寫的偶然，
在你我交會時互放的光芒。
古人說問情是何物？直教人生死相許。
那是古人，現代人該有現代人的愛情觀。
一句問候，一個會心的微笑，是人與人的自然之情，
看鴛鴦兩兩在草中漫步，
看鴛鴦雙雙靜靜浮游水面，
孔雀東南飛、梁山伯與祝英台，

那都是古人淒美的愛情故事，
不適合現代。
現代人應該有健康、明朗、活潑的愛情觀。
少年時每個人都有短暫、愉悅的戀情。
但為情而死，為情而互相傷害，那就是愚夫愚婦。
戀情是華美的，如果無法譜成婚姻，
為何不長駐心頭，永懷心中，思想起也是一種溫暖。
男男女女誰都有情，像徐志摩和林微音，
他們相知、相友、相愛、相戀，
但不能共結連理，成為一對恩愛的夫妻，
各人或許都免不了有一份惆悵。
但人生想想，又有多少事盡如人意？
我一直不喜歡跟人聚在一起說長道短，
但早起時，總有三五成群的老太婆、老公公聚在一起閒聊，這
也是人生的一種短暫的友誼。
或許我們可以千山我獨行，孤雲獨去閑，

做一個千山萬樹唯我獨往的雅士，
但我們不能不懂得友誼和戀情的拿捏分寸。
你懂嗎？

二〇〇五、四、二十七作於居之安齋

林蔭大道

我最喜歡樹，尤其喜愛在林蔭大道上漫步，
記憶中，校園裏樹最多的就屬東海和中興。
漫步在林蔭大道上、吸一口清新的樹香，
多麼舒暢。
日本京都大學外圍的哲學步道、兩岸垂柳拂溪，
煞有詩意和哲理。
早稻田沒有林蔭大道，東京大學也沒有。
台大有椰林大道，從前進大門筆直地就可以看到微曦晚霞，
甚是美麗，
現在只有大樓擋住視線，短視。
政大沒有林蔭大道，但有一條草木蔥鬱的醉夢溪，夢谷也是我
們踏青的好地方。

逢甲有榕榕大道、榕樹垂枝垂條、榕子落下滿地，
漫步其中，也頗有韻致。
靜宜還是新校區，樹還沒有長大，以後也會有古木參天的林蔭
大道，
但校區內的花木，棲樹濃蔭，站在走道也有林蔭滿懷的錯覺。
牛津、劍橋的外圍都沒有林蔭大道，有的只是曲折迴環的古老
巷弄。
我喜歡漫步在林蔭大道，看古木參天，直上雲霄，多愜意。
我最喜歡樹，尤其喜歡漫步在林蔭大道，
那種悠然、自在。
你懂嗎？

二〇〇五、四、二十八作於居之安齋

一位堅強的老婆婆

天沒亮，在綠園道的外圍，
有一位手推輪椅蝸蝸而行的老婆婆。
從二月七日我搬來，到今天，
除了刮風下雨，否則她每天一定出現眼前。
有時候累了，她會坐下來休息一下，
有時候，她會扶著樹木做操，與人談笑，
今天依然在我面前前行。
我覺得很感佩，她看來是沒有讀過什麼書的，
所謂堅強的毅志力，她一定不懂。
老莊的無為，自然的養生術，她也不懂。
禪坐的打坐，坐禪、練功，她也不懂。
但她日日來漫步，從不間斷。

這使我想起三十多年前，在台北看到的一位蹓鳥的老公公，
提著鳥籠，漫步椰林大道，走到盡頭將鳥籠掛在樹梢，
穿著黑布鞋、藍長袍、裹著深色圍巾，坐在樹下岩石上，
沈思、不亞於羅丹的雕塑，
令我很震撼，好動人。
現在在台北要找蹓鳥的老人、恐怕沒有。
一個老婆婆、一個老公公、只是人生中平凡的小市民，
但我們豈不是一直在尋尋覓覓這樣平凡動人的小故事。
你懂嗎？
宇宙天地萬物都是極美的，
一花一草一樹一木，一個流水、一塊岩石、一隻白鷺鷥、一隻
白天鵝、豈不都美。
這妳懂嗎？

二〇〇五、四、二十九清晨作於居之安齋

清閒

今天系裡有學術研討會，
我沒有事，
所以放心地睡晚一點，
出來散步，看天地宇宙大地。
一片廣袤慈愛。
太陽已經升起，發出微微昏熱，
涼風襲襲沁人心脾，
一派心曠神怡。
走在棕櫚樹與松林間，
萬樹叢中中有我。
看鴻雁在中與湖上空高飛低翔，
自由自在。

看鴛鴦、白天鵝、黑天鵝戲水，
悠然。
看松鼠沿街爬上對岸的樹巔，
可愛。
太陽高高掛上天空，一片赤熱，
想早起若要出來漫步，還是不要睡得太晚。
因為清閒，
所以中午可以提前為媽媽過母親節。
可以在家讀讀舊書，溫故知新。
想系裡的人，正在忙碌，
我能偷得浮生整日閒。
豈能不珍惜？
懂嗎你或妳！

二〇〇五、四、三十晨作於居之安齋

破冰之旅

和平一直是我嚮往的安定世界，
我不懂政治，也不想談政治，但我渴望安定與和平。
真正踏實和誠意的和平，
才會給我們帶來安定、富裕和進步。
羅貫中在三國演義裡說，天下事合久必分，分久必合，
這個分分合合由時代去決定，由二千三百萬的人民去選擇，
畢竟，我們是個民主化的社會、自由的社會，
我一向不喜歡對立與爭吵。
今天連胡會，表現國共的和解，
我是非常欣喜，樂觀其成的。
不管如何，台灣和大陸像個兄弟，
只有唇齒相依，化敵為友，才是雙贏的局面。

東亞才有和平，人民才有幸福。
連戰以國民黨主席的身分去訪問大陸，
是破冰之旅。
與胡景濤的會談是善意的表達，
是台灣與大陸五十八年來和解的開始。
政治是要給人民福祉的，
人民有權利要求政府給我們一個安定幸福的社會，
難道妳不以為是嗎？

二〇〇五、五、一黃昏作於居之安齋

勞工頌

今天是五月一日勞工節，
勞工在社會基層拚著血汗為千萬民工作，
如果沒有鐵路局的員工，火車如何準時到站出站輸送旅客。
如果沒有司機，人們如何南來北往，到自己想到的地方，回自己溫暖的家。
如果沒有空勤人員，我們們如何越過山川，遊訪世界各地。
如果沒有百貨公司，我們的衣、食、住與育樂將要如何取得，如何排遣。
如果沒有髮型設計師，男男女女如何美麗動人，一表人才。
如果沒有加油站的工作人員，誰為車子加油打氣。
如果沒有高速公路的職班人員，交通如何輸通。
如果沒有勞工朋友，在基層，為我們打拚，社會如何進步？

五一勞動節，是一個很平凡的日子。
但勞工朋友的努力，值得我們為他們歌頌。
松鼠兩隻在樹間踏躍追逐，
為勞工節揭開序幕。
月亮還沒有隱避，還高高掛在天上，
太陽卻已高高升起，發出光芒，
日月並輝的清晨，
讓我們為勞工朋友祝福。

二〇〇五、五、一晨作於居之安齋

埔里行

到中台灣的鄉野看看，
中投公路兩旁棕櫚樹林立，稻禾一片片綠油油，
車過草屯市街步入鄉野，
檳榔樹果實纍纍，玫瑰花圃，香蕉園入目，
到了九九峰，夏山真美麗，高高低低起伏、疏疏密密，
無論你取任何一角，都是棒極了的一幅山水畫。
誰說畫山水要登黃山找靈感，
中台灣的丘陵就極富畫意。
進入國姓鄉鄉野整個被群山包圍，
一旁是丘陵、一旁是溪澗，
有人垂釣、有人烤肉、有人露營，
山像萬壑松風聳立眼前，

山石的皺紋清晰可辨。
彎彎曲曲地過了隧道群，
眼界忽然開闊，山是遠山、是深林，
不再是近景的平遠山水，
遠天浮雲，還有蓊鬱的群峰峻嶺，
埔里到了。
到地藏院，向父親的靈位祭拜禱祝，
願父親在天之靈福祐我們這一代及下一代。
回程漫步與大的椰林大道，涼風襲襲，俗慮全消。
埔里行像譜一曲簡潔的變奏曲，
你或妳懂嗎？
中台灣的鄉野真美，真舒暢。

二〇〇五、五、一黃昏作於居之安齋

國家圖書館出版品預行編目資料

晨起所見 / 戴麗珠著. -- 初版. – 臺北市：文史哲, 民 94

面： 公分. --（文史哲詩叢；64）

ISBN 957-549-607-8 (平裝)

851.486 94011571

文史哲詩叢 64

晨起所見

著者：戴麗珠
出版者：文史哲出版社
http://www.lapen.com.tw
登記證字號：行政院新聞局版臺業字五三三七號
發行人：彭正雄
發行所：文史哲出版社
印刷者：文史哲出版社
臺北市羅斯福路一段七十二巷四號
郵政劃撥帳號：一六一八〇一七五
電話886-2-23511028 · 傳真886-2-23965656

實價新臺幣二二〇元

中華民國九十四年（2005）六月初版

ISBN 957-549-607-8